초충도

이인주 시집

초충도

실천문학사

차례

제1부 수월관음도

수월관음도(水月觀音圖)	011
죽력고	012
잉여	014
암자를 불사르다	016
파묵(破墨)	018
흔종	020
목포의 눈물	022
그릇	024
예송리 고전	026
오갈들다	028

제2부 송하보월도

송하보월도(松下步月圖)	033
아름다움이 나를 경멸한다	034
산조	036
갈라파고스의 새	037
고산에 걸린 달	039

벌거벗은 임금님	040
마지막 제국	042
각저총	044
첨밀밀	046
북종화	048

제3부 기려도

기려도	051
칼바위 풍란	052
다산(茶山)에 기대어	054
경기자-전리품 딜레마	056
자본주의 수사학	058
시스템들	060
어떤 유대	062
와신상담	064
에리직톤의 초상	065
단풍나무	067

제4부 초충도

초충도(草蟲圖)	071
사마천을 쓰다	073
마상격문(馬上檄文)	075
파르마콘	077
채찍	079
가자(Gaza)에 띄운다	081
팩트는 스토리를 이길 수 있는가	083
롱기누스의 창	085
오, 적이여 너는 나의 용기다	087
퇴적암	089

제5부 심우도

이중섭의 심우도(心牛圖)	093
미친듯이 달리는 것들은	094
어떤 비망록	095
숫돌	097
깊은 뒤태	099

침묵	100
개짐을 빨다	102
손	104
목계(木鷄)	106
단추	108
해설	111
시인의 말	125

제 1부 수월관음도

수월관음도(水月觀音圖)

 600년 전 남국 어느 바닷가 달무리로 품었던 원광(圓光), 통도사에서 만났다 얼핏 낯익은 듯도 한 버들가지 손, 주름진 연꽃 맨발로 피운 여인의 옷자락을 만진다 주르르 마엽무늬 물처럼 흘러내린다 베일에 감싸인 시간의 속살 아늘아늘 헤엄치자면 무량겁은 걸리겠다 선연히 부딪친 눈빛이 정병에 화들짝 꽂힌다

 사바를 껴안는 꿈이 공감대라면 분수가 웃을까? 자태는 천양지차다 바위의 가부좌 대신 밥상을 의자를 침대를 깔고 대지의 기운 대신 업 속을 벌레처럼 파고든다 금니은니 비단 대신 싸구려 천의를 걸친, 언감생심이 그런 문양일 것이다 거북등을 그리는 내 무릎과 당초문을 엷게 바림질하는 여인 사이

 화불보관 쓸 일 없어도 달 비친 바다 위에 설 수 있는, 그 길을 걸어 나는 예까지 왔다 600년이 너무 짧다 서로 모르고도 아픈 물의 살갗 오래 어루만져주는 손, 환한 광채를 빚는다

죽력고*

스적이는 바람 건지러 정읍까지 왔다
허물어진 초막이 술잔을 독대하고 앉았다
곤줄박이가 동병상련의 가슴팍 찢어 서편제를 흘린다
대쪽 같은 것들, 속절없이 휘어진다
곧음과 휨의 분별과 어리석음을 모르는 편편(片片)이
보살이고 부처라는 생각
이울어지는 절기 뒤끝이 더 깨끗할지 모른다
녹두장군이 생의 막바지에 찾았다는 술
그렇게, 적셔본다
구곡애환 상감하는 취기가 아슴하다
하수상한 시절 왕대로 구워 진액 내리고 싶지 않은 사내가 있더냐
 알싸한 한(恨) 소줏고리에 고면
 죽어서 살 풀빛 향기
 시방도 저 대숲 너머 은자 예닐곱 반달칼 모양 엎드리고 있을 터
 비분을 다스리는 약효는

삭풍을 견딘 시누대로 가름할 일이다
천산북로 돌아온 바람 같이는 아니라도
열풍에 자지러진 말 되살린다니 그 맛 가일층이다
생지황, 석창포 녹진녹진 풍겨나는 내 품에서 이밤
애틋하게 감길 죽력 같은 말들이여
감홍로 이강고를 넘어서는 뜻
혈죽 피는 저잣거리 한 줄 창(唱)으로
절절이, 맛보게 하라

---

* 최남선은 『조선상식문답』에서 조선 3대 명주로 죽력고, 감홍로, 이강고를 꼽았다.

잉여

늦둥이 하나 낳으면 잉여라고 이름 짓겠다
떨어지지 않는 애물단지
과분하게도 가치 창출의 꽃이라네
넌출넌출, 홍냥홍냥
이 가지 저 가지 앵겨붙는

귀룽열매 눈망울 순한, 햇빛 좋은 날 소풍 같은 아이야

사랑이 밑밥인 밥통 잉여가 엄마의 업이다
월척의 꿈 놓아 건지는 낚시다
너는 전례의 꽃가지를 확, 분질러 버리거라
장벽이나 구획 따위에 물리지 않는

잉여, 물색 다른 내 님은
한 생이 붕어해도 잉어해도 해갈 안 되는 물고기

우리는

소시랑게 눈흘김 얄랑얄랑 너름새 넣어
노들강변 한허리 감아 도는 잉어이고 싶었다

한목숨 수족관 잉여로 치부되기는 순간이란다
저인망 논리가 바닥까지 털기 전에
절체절명이여,
그 아리아리한 효율 토란 알토란 낳기를!

암자를 불사르다

꽃대궁 뻗은 산길 벼랑을 탄다
안간힘으로도 잡히지 않는
수직, 천길 아래
흔들리는 뿌리 바위를 뚫어내린 곳
신흥사 계조암을 오른다
세상 모든 근원이 저토록 단단한 침잠이라면
한 잎 갈대에 기댄 내 등은
얕은 바람에도 어찌할 바 모른다
캄캄한 산허리 오래전에 건너온
인연 하나가 내 안에서 간당거린다
이 해독할 수 없는 약한 끈이 나를 지탱해온 힘이라니!
주마등처럼 스쳐가는 서릿발이
절벽에 내리찢는 단풍으로 쏟아진다
그 풍경의 안쪽
수만 겁 흔들림을 쌓아 만들어진 암자가 있다
마른 나뭇가지 찬 바위에 불꽃을 피우는
영묘한 금당

해거름이 눙치는 빛과 어둠의 은밀한 교합
화들짝 벙그는 한 송이 꽃으로 설악은 있다
뜨거운 공양, 산그늘 한 채 고스란히 살랐다
숨어 피던 명자나무 사뭇 몸 달아
발길 어쩔 줄 모르는 흔들바위다

파묵(破墨)

한 자루의 붓도 쥐어 주지 않고 스승은 나를 문전에서 내쳤다
필생을 먹처럼 살거라
먹이라니, 몸으로 황칠을 하란 말인가 어디에다?
살결 같은 화선지 한 장 내려 받지 못한 나는
사족이 묶인 시험지로 내팽개쳐졌다
발묵도 익히기 전 파묵이라니!
팽나무 가지가 언 하늘을 쩡, 후려치는 혹한이었다

가도 가도 빈 바랑
자리를 털어도
먼지 한 점 일지 않는 한뎃잠
나를 얼려 나를 보존할 맥문동 뿌리였다

붓도 화선지도 없는 화공이
그림 그릴 생각을 하면
옥새 없는 파천황이 마음 깊숙이 자라는 법

세상에 놓인 어떤 법도도 스스로 길을 벗어난다
괴발개발 걷지 않아도
모든 길들을 빨아들인 먹 한 자루가

캄캄함을 깨어 스며나는
흰빛으로 농담을 밝힌다
살을 에는 아픔도 부드럽게 갈아
일필휘지로 내리긋는 청정한 빛

흔종*

종 안에 몸을 넣어도
몸 안에 종을 넣어도
종과 몸 사이의 틈이 난감하다
천 개의 몸을 살라먹고 소리가 되지 않는 종
천 개의 종을 들이고도 소리가 되지 않는 몸
그 좁고 거대한 틈으로
서리서리 피를 흘려보낸다
막막함을 견디는 일이 생의 전부인 듯
틈에 끼인 몸을 종루에 건다
울리지 않는 종, 어찌해 볼 도리 없는 몸을
곱사등처럼 짊어진 채
길바닥에다 밥상 차리고 꽃씨 뿌리고 줄줄이 새끼를 치고
생을 방뇨한다
그리하여 마침내
파르라한 흐느낌 멎은 목줄을
거문고 같은 당산나무에 맨다
소리 따위는 비천(飛天)을 꿈꾸는 헛것들의 곡(哭)이라고

퉁, 내던질 때

   아련한 불치사(佛齒寺) 능선자락

   천지를 일으키는 초롱꽃처럼, 환한

   종의 몸이 열린다

---

* 새로 종을 만들 때 종에 희생(犧牲)의 피를 발라 생명을 불어넣는 낙성식.

목포의 눈물

폐허도 한 송이 꽃이다
그 붉고 흐드러진 꽃진이 자아내는 여흔은
아무나 발할 수 없는 불립문자다
뻘밭 페이지를 넘기면
그녀가 걸어온 길이 태풍 뒤의 고요처럼 누워 있다
한 세상의 끝에서
간단히 뛰어내려 본 자만이
그 지독한 사체의 냄새를 향기롭게 맡을 수 있다
누가 뜨거운 자궁을 폐허로 읽는가
어둠이 습자지처럼 스며드는 갯벌
아무도 몰래 부풀다 자결해 버린
한 송이 꽃의 절정을,
그녀를 차고 환하게 승천하는
바람의 눈매가 젖은 광휘로 읽힌다
꽃 진 다음
상처의 배꼽, 밑자루로 받쳐 올리는
가없는 눈빛

다가가는 모든 위무의 손을 부끄럽게 하는
폐허 위에서는 함부로 흩날리는 꽃잎을 노래해서는 안된다
헝클어진 풍경을 오독해서도 안된다
다만 눈을 감고 끝없이 펼쳐지는 진흙 문장을 맨발로 느껴야 한다
그녀가 가르치는 저 뭉클한
포복의 예의를 제대로 읽는 인간이라면

그릇

 운문사 연화대에 그대 모시러 갔다가 이미 꽃으로 피어 있는 그대를 보았다 하늬바람 잔잔한 미소 하나가 정오를 가르며 환히 피어나고 있었다 실뿌리 아늘아늘 담아낼 그릇 하나 없는 빈 손바닥, 낡은 지문이 가문비나무처럼 흔들렸다 그 손안에 그대를 엮어두고자 하는 우매함이 운문(雲門) 밖 풍경소리로 떨어졌다

 그대가 나를 깨었는가 내가 그대를 깨었는가 허공에 떠돌던 어떤 뜻이 죽비로 내리쳤다 아프다는 말로 형용할 수 없는 멍울이 명치를 메어왔다 길이란 길은 죄다 등 돌리고 있었다 질문들의 막다름이 마음의 모서리를 들이받았다

 부서진 종소리가 그대 손끝에서 살아난다 틈과 틈이 거느린 하얗게 빛나는 가문비나무 몇 그루, 웅숭깊다 번지는 금으로 피어나는 나, 민무늬와 빗살무늬 사이 그대가 만지면 부스스 깨어나는, 바람과 햇빛 물과 불의 거처에 누워 한 잔의 백련차로 우러나고 싶다 한나절, 갸륵갸륵 갸륵한 물

새들을 본다 넓이를 모르는 연못을 건너는 연밥그릇이 아름답다

예송리 고전

미궁이어서 베스트셀러가 된 고전
『장미의 이름』이란 책이 있다
만인의 심금을 야슬야슬 사로잡는,
희극이 비극을 울리고
비극이 희극을 웃기는
절정의 독소를
혀끝에 묻혀 가면서
책장 속으로 숨어들어 가는

예송리 바다에 가면 그런 여자가 있다
허드레 잡부로 사십 년을 파랑진 그녀가
흘러 들어온 길을 아는 사람은 없다
암자색 따개비 같은 그녀
하루 종일 낡은 그물을 깁거나
맺힌 멍울 터뜨리듯 고기의 배를 따는데
곰삭은 몸에 착 감기는 바다엔 눈길도 주지 않는다
그런 그녀를 이곳 사람들은

'예송리의 갯돌'이라 부른다

폭풍우 내리치던 어느 날 그녀가 쪽배처럼 증발해 버렸다
조그만 섬이 갈꽃 해일을 몸체보다 크게 부풀렸지만
그녀의 종적을 입에 담는 이는 없었다
그녀가 종일 바다를 눈에 품은 날이었다

일생에 단 한 장면이 읽히는 책
폭도 흐름도 경지도 가늠할 수 없지만
맞닥뜨린 장면이 클라이막스인 책이 있다
예송리 뱃사람들은 그런 고전을 무시로 산다

오갈들다

저녁나절, 사립문 앞 오갈피나무 곰곰 귀를 연다
바랜 이파리 부석거림에 오갈들듯 말리는 귀
밖으로 새나가지 못한 날숨 한 줄 먹먹히 뒤척인다

간절함이 깊으면 몇 길 파란으로 굽어질까?
뻗어갈 데 없어 관절 굽은 가지
안으로 가두리를 짓는다

햇살 감은 이파리 찰랑찰랑한 몸살이
그대 눈빛에 덧없이 꺾일 때
순량으로 빛날 수 없는 내가 거기 있었다
오, 갈피 잡지 못하는 나무의 자세는
그대 굽어보는 쪽으로 소리의 귀를 말아넣는 일이었다

그러므로, 그대
내가 웅크렸던 비틀린 시간들을
후박나무나 산사나무 이파리로 펴 달지 말라

가장 오진 힘줄만이 생장점의 바늘귀를 꿰뚫으리니!
구부러져 튕긴 누군가
모른 척 누운 그대 흉금을 칠 때

꽃살창을 가른다
붉디붉게 오갈들린 한 잎의 비원
금빛 활처럼 휘어지는

제 2 부

송하보월도

송하보월도(松下步月圖)

  투영된 나무 그림자 솔바람에 휘모리진다 하늘에 닿은 절절한 발자국 땅 위로 끌어내려 본떠본다 그림자에 잠긴 행보, 깊이가 골똘하다 달빛이 빈 나무의 진면목이 검은 토설을 하고 있다 어느 의연한 뿌리의 족보가 이렇듯 아픈 침엽의 사서를 내장하고 있었을까 갈피마다 흘린 수액의 경전 낙락장송 흰 서사다 시간의 침식을 훔치고도 꿈쩍 않는 나무와 흔들어야 직성인 바람의 화간처럼 달빛이 풀린다 근경이 원경을 업고 내려놓을 자리를 살필 동안 아이가 줄곧 달빛 보폭을 헤아린다 가늠할 수 없는 걸음을 재는 어리고 티 없는 걸음, 그 사이 잠긴 뜻이 고요하다 구름에 자맥질해도 그림자 거느린 음덕이 듬직하다 환한 절편에 꽂힌 솔바람 한 그루, 밟히지 않는다

아름다움이 나를 경멸한다

한 그루의 자작나무가 흔들릴 때
그 안에 깃든 뱁새 떼가 희디흰 빛을 물고 일몰 속을 날아오를 때
소스라친다 여상한 것들이 체득한 문장이 하늘과 더 가까워서
말을 잃어버린 내가 다만 저물어 가야 한다는 걸

아름다움은 비문(非文)이 비문(秘文)으로 넘어가는 문(門)
노을빛 후광을 이파리로 달고 헌사를 받아내는 자작나무처럼
기실, 아무것도 아니어서 거룩한 문장들을 이끌고
엎드린 위계를 넘어 유유히 사라지는 뱁새떼처럼

지금껏 내가 넘본 수사란
고해하지 못한 그 밖의 죄를 은근슬쩍 용서받은 수작이고
보속의 이름으로 범한 더 큰 죄,
아름다움에 이르는 문은

나의 입 밖에 있는 신(神)의 귀다

살아서 긋지 못할 한 획 지평선을
황금빛 태양이 가뿐히 들어 올릴 때
횡격막 아래 숨겨진 허파 같은 아름다움이 나를 경멸한다
경멸했던 것들에 찔리며 저물어가는 나는
한 마리 뱁새처럼 위대해진다
자작나무 흰 피로 우수수, 빛난다

산조(散調)

바람이 손마디를 꺾는다 열두 줄 현이 꽃차례로 눕는다 옥류천이 자욱하니 붉다 진양조로 휘감아 중모리 자진모리로 치닫는 소리가 시나위젓대에 물려 있다 팔공의 서쪽 능선이 먹구름 옷을 홀딱 벗는다 빗살무늬 예감은 알몸으로 와서 감당할 수 없는 광풍이 된다 손끝으로 짚는 음파의 마디마디가 안족에 걸려 넘어진다 9부 능선이 하늘이다 절정에 오르기 전 아무는 무릎이 있던가 살갗을 파고 들어앉는 피멍을 창(唱)이라 부른다 생으로 매다는 숨꽃이 울대가 되는 내부를 엇모리라 했던가 휘모리라 했던가 굿거리 한마당에 멍석을 깔면 여태 벙어리인 슬픔들이 빼곡히 들어찬다 쉰 목으로 뽑는 가락이 각혈처럼 튄다 골담초 뼈마디에 녹아드는 소리, 손마디를 전부 꺾어야 꺾이는 소리가 파꽃 하얀 웃음을 터뜨린다 완창으로 몸 푸는 파계사 수태골

갈라파고스의 새

격리된 채 탈출을 시도한다
옹벽 시퍼렇게 부딪치는 감옥
혼신의 힘이 옛 시간 속으로 주소지를 밀어넣는다
공벌레처럼 안을 궁글고 부리를 날갯죽지에 묻은 채
곰곰, 생존의 허용치를 줄잡아본다
날기 위해 존재한다는 규정이 하나의 억압은 아닐까?

태풍의 눈에 갇힌 새는 몸부림도 울음도 버린다
죄어오는 사위를 만궁처럼 고눈 채
마지막 반전의 숨구멍을 그린다
팽팽한 힘의 대립을 팡 터뜨릴 중심이 해제된 하늘을,
굴욕의 무릎은 도태 쪽으로 쓰러지지 않는다
궁지에 몰린 어떤 종의 궁리가 돌연변이를 낳는다
갈퀴 돋는 발, 낫 모양 굽어지는 부리, 갑옷 같은 털
게릴라의 특공술이 케케묵은 정설을 찢어발긴다
진화가 혁명의 구름판에 닿는 순간
격리된 공간은 자유의 넓이다

한 뼘 참호를 거대한 섬으로 들어 올리는
새들의 봉기

고산에 걸린 달

 축전이란 말이 설핏한 비감으로 다가오는 고산생가, 초승달이 걸렸다 고산(高山)이 고산(孤山)인 줄 눈치챈 사람끼리 멍울진 가슴을 맞대고 점층법으로 밀물진다 먹물처럼 번지는 외로움 고봉으로 안아 월궁을 짓겠다? 준령을 가슴에 앉히려는 뚝심이 가파른 산을 오른다 얽히고설킨 길, 우뚝한 능선 하나 아름답게 걸던 사람들은 다 앞서 갔다 남은 자들만 모르는 길을 더욱 깊게 하는 밤, 고산에 걸린 달이 차갑게 맑다 이미 오래전 경전을 작파하고 달 속으로 들어간 사람, 나오지 않는다 땅 위의 집들은 이지러지며 그 이유를 쓴다 풀벌레가 애면글면 어둠을 운다 알 것 없다, 산중의 어부야 그저 오우(五友)나 벗하며 사시를 견디게! 가벼운 일침 시치미로 떼시며 어른께서 다 오른 고산을 사뿐사뿐 내려오신다 짊어진 달이 앳되다

벌거벗은 임금님

천 년 전에 벌거벗은 임금님
지금도 벌거벗고 계시다

옛날의 임금님은 행복하셨다
알몸을 옷이라 부추기는
산들바람을 두르고 사셨으니,
지금의 임금님은 애애(哀哀)하시다
옷을 알몸이라 빗대는 독설 칠첩반상으로 받아들고

천 년의 세월 동안
자란 것은 사람들의 귀와 눈,
밀실을 뚫고 담쟁이넝쿨로 뻗어 나왔다
그들은 삼삼오오
임금님의 희한한 행차에 대한 시대별 징후를
조목조목 대비하고 있었다

때로 메가폰을 잡고

거리에서 실황을 중계하는 사람도 있었다
벌거벗은 임금님의 행차가 갖는 진화에 대하여

그리하여 천 년 전에 벌거벗었던 임금님
지금도 옷을 입을 수 없다
끊임없이 무언가를 벗기는
역사는 그렇게 누설된다

마지막 제국

달빛 아래 화백회의가 열렸다
의제는 곰족과 호랑이족의 양성평등
21세기 가족양식을 거론하자 성골 출신인 아버지는 팻대를 세운다
혈통은 신성한 것이여 뱁새가 워찌 황새 흉내를 낼 것이여
수양산 그늘이 강동삼천리니께 여차저차 까불어쌓지들 말어
멸망한 가야국 공주인 어머니는
큰바위얼굴 밑에 평생을 수그린 개망초꽃이다
본가도 외가도 뿌리를 본 적 없는 나는
그 신성하다는 피의 배후가 찜찜하다
추상같은 족보 앞에 어찌 평어를 들먹일 것인가
가끔 털 세운 호랑이가
세파에 휘둘리는 종이호랑이가 되기도 한다
썰렁한 윗목, 가보인 문갑은 채워져 있고
왕(王)자수 낡은 보료만 궁둥이를 들썩인다

신성한 헛기침은 알고 계실까

당신의 제국, 그 조마조마한 당간지주가

마지막 신료들을 주춧돌로 삼았다는 것을

수양산 그늘이 자주 감감 강동삼천리를 덮는다는 걸

각저총

한 판 노쇠한
코뿔소와 코끼리의 씨름장

죽은 내용이 산 형식을 엎어치기할 동안

딱정벌레 같은 구경꾼들 모래땀 훔치고 있다
십자 샅바 동여맨 펑퍼짐한 허리 위로
XX전자와 YY제약이 맷집 좋은 간판을 부풀리고 있다

밭다리걸기 들배지기 호미걸이 잡채기
번갈아 죄는 오금이 울룩불룩 반동 바투는 역사가 거기
있다
투기(鬪技)와 투기(投棄), 놀음과 노름 사이
아찔아찔 목줄 당기는 사회가 있다

군웅할거시대
열세의 뒷무릎이 팍, 접히면

암매장마냥 고분을 덮어쓴

벽화 두어 폭

월계수나무 아래 눈동자 형형한 개와 불꽃 인동당초

환생인 듯한 역사의 한 지층이

헐떡거리고 있다

첨밀밀

살아 있는 당신을 서어나무 뿌리 밑에 묻습니다

우듬지에 앉아 엿보던 달빛이 앙가슴을 북, 긋습니다

젖은 토굴을 파는 가파른 눈빛 한 줄

아무도 모르게 순장하고 싶었습니다

밤마다 서어나무 이파리, 손마디를 꺾어

이 순한 가지 환하게 휘묻이 해 달라

마음의 돼기밭 한 켠을 파고듭니다

걸을수록 안으로 굽어지는 모후산 외딴 길

당신과 나 사이 비탈진 기억들

와르르 꽃차례로 무너질 듯 간당거립니다

감당할 수 없는 것들 죄다

서어나무 몸속으로 퉁퉁 부은 그림자를 던져 넣습니다

혀가 잘린 사연 한 그루 노을을 토혈하며

자백하듯 쿵, 넘어집니다

둥그르르 한몸입니다

북종화

삶의 비밀은 물밑에서부터 증거된다
장미합사 3호인 투망이 길고 흰 손가락을 꿴다
우럭, 볼락이 실시간 피어난다
빈 하늘 쏠리는 물거울 속 끄덕끄덕 남녀가 흔들린다
교대로 파문을 밀고 간다
낚싯대 끝 간신히 걸쳐놓은 숨막힘 주르르 방사하고픈 한낮
대비된 물밑 세상이 이물과 밀회를 즐긴다
어떤 이변도 삼켜버리는 정적, 풀어 읽지 않아도 확장된다
물밑작업 그득한 생, 건져올릴 궁리를 하는 순간
푸릇한 주름이 지워진다 생생한 감식은 소금발로 절여지지 않는다
한 시작은 그 끝과 같은 배에 탄 운명
그걸 조율하는 물결을 파란이라 부른다
여기 물밑 역사는 막 낳은 물새알의 체감을 가졌다
수면 밖으로 제트스키처럼 튀는 파열음은
이 세계를 흔들지 못한다
아성의 소리가 식지 않는 이유다

제 3 부

기려도

기려도

 붓을 휘두른다 풀어짐도 기법이라 파필에 튀는 먹물은 여백의 꽃이다 유람을 핑계로 나선 유랑 당나귀가 알고 힝힝댄다 거친 수묵에 밴 속내가 깊었을까 닿지 않는 운치가 일상을 둘러친 목책에 걸린다 탁 트인 세상을 업혀서 닿으려는 과욕이 미물의 눈빛 한 줄에 꿰이고 있다 찰랑찰랑 이슬서 말 알알이 설움이 될 때까지 증발을 기다렸다 저 거친 광야로 가지 못하는 고삐가 내 손에 쥐여 있어 화들짝 놀란다 고개를 땅으로 박은 나귀의 걸음은 뜨끔한 반어다 다리를 절수록 깊어지는 발자국, 천천히 걸러진 인욕이 내 안에 물 흐르듯 들어앉는다 삼나무 가지에 깨인 달이 접시불이다 심중의 연대를 찾아 바람이 물집을 부풀린다 떠나지 않고도 도달한 누가 땀 젖은 화폭을 들여다본다 푸르르 한 마리 당나귀가 운다

칼바위 풍란

비바람 천둥번개 검무를 그리는 용머리에서 제 살 깎아 눈부심을 만드는 조각상처럼 뒹굴었다 호미걸이 폼새로 맨뿌리 드러낸 풍란이 빗방울에 들뜬 열을 씻었다 새벽에는 총채벌레가 새순과 몰래 교접을 치렀다

그 만(灣)에서 칼을 벼렸다 제멋대로 춤추는 칼, 극단을 탐하는 난초의 직립이 상처 붉은 꽃을 피웠다 열두 폭 병풍바위에 검객의 깨끗한 울음이 들어앉는다

마흔이 되면 칼이 없어진다. 세 치 속설이 날을 세우는 밤 아무도 모르는 사소함에 엎디어 천 개의 거울을 깬다 마흔이 되면 표적 잃은 칼이 허방을 찍고 사랑은 수그러드는 난(蘭), 제 몸을 말아넣고 죽음을 꽃피우지만 실은 더 큰 한탕을 구상하는 중이지

가끔 꿈속에서 풍상고절 한 포기 꽃을 피운다 하얗게 증발되거나 어둠에 파묻히는 꽃향기, 바람의 길을 만든다 그

길 돌아온 어떤 숨이 열매 없이도 환한 절정에 든다 활인검처럼 휘어진 초록잎이 부챗살을 쫘악 펼쳐 안는다

다산(茶山)에 기대어

　초당에 앉아 연지(蓮池)를 바라본다
　못물에 풀린 구름이 저보다 환한 하늘을 삼키고
　시치미 뗀다 눈치 챈 금빛 잉어가 주둥이를 내밀어
　다급한 맥박을 전한다 공중에 흩어지는
　물고기의 숨 같은 초서들, 다향(茶香)이 식어갈 때 애써 원
망하지 않는다
　눈귀 닫아건 세상과 당쟁의 못물에 갇혀
　어지럼증 앓나니, 이 아픈 이명(耳鳴)을 언제쯤 풀거나
　공명도 부귀도 먼 북방의 풍문처럼 아득하고
　나는 한갓 시골벽지에 몸이 매인 몸
　문지방을 넘은 뜻만 하늘만큼 자라
　펼 수 없는 부피를 한지에나 넓힐 뿐
　바람을 갈아 칼을 벼린들 무엇하나
　가슴에 찬 물소리가 쇠 끓는 소리를 내는데
　목민심서, 목멘 심사……
　오후엔 우이봉에 올라 멀리 흑산도를 바라본다
　파도에 홀로 몸 말린 군자의 표현에 닿으려

굽이굽이 격랑 이는 편지를 띄운다

뜻은 같으나 몸이 같지 않음의 비애를 이리도 한합니다

필부(匹婦) 한 세상이 역풍에 찢기는 돛폭 같습니다

갈매기 떼가 한 하늘을 이등분하며 전하지 못할 말을 물고

섬 쪽으로 가라앉는다 황혼이 마지막 기운을 동백숲으로
쏟아붓는다

내 기어이 오늘 밤엔 울혈의 사연 밀어 올리는

저 동백의 숨은 개화를 엿보리라 달빛 등지고

붉은 꽃눈을 닮은 처사 하나가 백련사로 접어든다

경기자-전리품 딜레마

그것이 문제다 운동장에 선 경기자들은
상대의 기를 꺾을 것인지
점수를 우선 챙길 것인지,
두 개의 바구니 사이에 떠 있는 농구공 모양

갈등과 갈등 사이 석난꽃 피던 풍경은 없다
양심과 밥 사이에
칼날이 끼어 있다

하루에도 몇 번씩 군자란(君子蘭) 모가지가 꺾인다
상사를 갋고 동료를 치고 부하를 으르다가
개뿔, 자존심이 밥 먹여 주나!
한방에 꼬리를 내리는 말단좌석의 대기선수들

정면승부의 활로를 잃어버린
이 시대 경기자들은
옐로우카드 몇 장씩 숨기고 산다

비장의 무기로 탈바꿈될 카드를 은밀히 꿈꾼다
간당간당한 운동장, 개구멍으로 이어진 포장마차에서
예외인 규칙과 불공정한 심판의 근친상간을,
결코 이길 수 없는 것들의 막창을 곱씹으며

막무가내 시비 붙는다
사람이 꽃보다 아름답다는 말, 당신 알아?
경기를 아예 모르는 자나
경기에 이긴 자가 주워섬기는 그 은총 말이야!

자본주의 수사학

문제는 포장술이다
사과도 차별화되어야 팔리는 시대
숭고한 가치와 비전도 수사학이 없으면 비닐봉지,
사과는 사과를 압도한다

직설화법은 사과를 밥으로 만들지 못한다
아직도 빨간 사과를 우세한 포장지로 삼는 쪽은
시장에서 퇴보를 판매하는 가게다

지금이 어느 시대인가
뱀의 설득이 말씀을 이기는 감칠맛의 시대
소감의 나누기 시대 아닌가

딸 수 없는 사과와
따서는 안 되는 사과가 모두 굴복하는
블랙박스 안에서
야릇한 마녀의 사과는 불티나게 팔린다

범국민적으로 세계적으로

그것이 세일즈다 철책도 터부도 갈아엎는 농부의
색다른 경작법이다 레드에게 레드카드를 내미는
독 오른 사과, 자본주의 권법의 수사학이다

시스템들

대형매장 코너마다
카트를 끌고 돌아다닌다
무작정 무모하게 무진장

최신공법 다리를 건너온 너
이 빠진 징검돌을 간당거린 나

줄다리기가 팽팽하지 않다
쏠린 줄 끝에 매달린 나는 몸무게의 중력으로 버티고 있다
쇼핑이 무아지경이다
내가 한 점 먹이가 될 동안 너의 부피는 공룡처럼 거대해진다
무게가 무게를 먹어치울 입의 포함관계가 보인다
선택하는 것이 너를 쥐는 것으로 착각한 들러리,
욕망을 저당 잡힌 선수의 싸움은 순간이 결말이다

중독을 게임이라고 말하는 사람들 틈서리

나는 노란 쑥처럼 핼쑥하다
싸움은 정직한 노동, 결말은 정직하지 않다
끝장의 품목들이 자주 카트에 실려 나갔다
영문을 모른 채 딸려가는 거대한 컨베이어 벨트
목숨을 담보로 뜸 들인 밥이 나라는 것,
김나는 전략이 성황이다

어떤 유대

옆집 순이네는 바람 잘 날 없다
가지 많은 몸속 바람 잠재우러
배 타러 간 순이 아버지가
한쪽 눈을 실명한 후부터다
대낮부터 거나해진 그가
우당탕탕 전쟁을 개시하면
몇 낱 남지 않은 세간이 박살나거나
순이 엄마의 절규가 나동그라지는 소리
정적 틈새 순이의 흐느낌이 달싹거린다
지옥의 소굴 안
그런 광경은 도돌이표로 밟히는데

다음날이면 아무 일 없었던 듯
계단참에 환한 순이와 순이 엄마
가족나들이 간다고 자랑도 한다
그럴 때 표정은
이상한 빛을 발하는 불가사리다

체념이 치욕보다 빠르다는 생각은
어항 속 금붕어를 읽는 잣대
나의 가장 가까운 이웃에
보편, 너머에 자라고 있는
물풀 방식의 유대가 있다

와신상담

칡뿌리를 씹을까 씀바귀를 씹을까 곰쓸개가 없는 마당에 와신은 무슨! 발랑 까진 세상 버려진 살점끼리 찜질방이나 노래방에서 톡톡 튀는 상담을 하는 거야 세월 죽이는 상담은 금물, 몇 달만 지나면 상전벽해야 뽕밭이 바다가 되면 공사가 다 망하지 패왕의 계책이라도 때를 놓치면 계륵이라 스스로를 우려내는 뼈다귀가 왕이지 쓴맛 단맛 다 본 세상 돌부처로 돌아앉아도 그 부처 살짝 끼고 나들이를 가야지 쓸개도 없는 것이 광(光)이라고, 와신의 끗발을 보여 줘야지 씹고 씹어 단맛 나는 진수를 흘려야지 나를 버리고 발병 난 님 마음을 축지법으로 건너야지

에리직톤의 초상

담 모퉁이에서 올려다보네
창밖을 응시하는 그
참나무 둥치처럼 우람해
휘감기는 상상이 나팔꽃 넝쿨이 되기도 하지

가지런한 달빛, 윤 고운 머리칼에 참빗이 될 동안
몇 발짝 더 다가선 나는
담벼락에 굴러 떨어진
애타는 도토리

그런 밤
신화에 나오는 발칙한 인간이 되어
아름드리 참나무의 밑동을 찍고 싶지
쩡, 쩡, 온 마을이 울리도록 거역의 도끼질 하고 싶지
시퍼런 이빨이 나가건 말건
날계란 같은 달이 터지건 말건
참나무의 속살이 어떤 문장을 뿜어내는지

상처로부터 번져나는 수액이 고혹스럽네
불경(不敬)도 경전을 떼는 한 커다란 방식
까짓, 도끼질 몇 번에 넘어질 세계라면
죄의 무게가 달가울 뿐이네

거세게 타오르는 굶주림은
인간이 발견한 신의 열망

간간이, 창을 타넘고 목이 마른 참나무가
밀서처럼 천천히 나를 통과하네

단풍나무

태생부터 붉게 타는 나무가 있다지
풋풋한 초록의 시절도 없이
용암처럼 끓는 몸 어쩌지 못해
제 잎을 살라 하늘에 오르는
분신의 나무가 있다지

어릴 적 우리 동네엔 금달래란 여자가 있었다
머리칼을 풀어헤치고 실성한 듯
맨발로 돌아다니는 여자,
아이들은 치마를 들추고 어른들은 못 볼 꼴인 양 취급했
는데
그녀는 배실배실 웃고 있었다
어린 나는 그녀의 이해할 수 없는 행동 너머로
병풍 같은 세상의 저편을 엿보게 되었다

단풍나무를 보고 있으면 금달래가 떠오른다
철없이 붉어 난감한 이파리가

배실배실 웃고 있는 그녀의 웃음 같다
세상의 한 페이지를 알고 있는 밀정처럼
속살 불붙이는 저 황홀한 요기

미쳐서 아름다운 것들은
제 몸 속에 가둘 수 없는 불씨를 지닌다
그들이 내는 발광의 불협화음이
금줄 너머
아롱진 무늬로 비칠 때

제 4 부

초충도

초충도(草蟲圖)

 풀잎 아래 몸을 누인다 뼈 없는 통증이 편안하다 난생의 벌레인 나는 늘 웅크린 자의 등을 기억한다 아버지가 그랬고 애인이 그랬고 생각이, 말이 그랬다 직립을 꿈꾸었으나 접히지 않을 만큼 독하지 못했다 낙오자로 채색된 길을 굼실굼실 기는 종족, 수풀 아래 버려진 울음이 온밤을 적시도록 적막은 한지처럼 흔들렸다 캄캄한 먹물을 쏟아내어 울음을 그렸으나 여백 한 점 들키지 못했다 풀뿌리를 닮은 말들이 자꾸만 지하로 뻗어갔다 온몸으로 캄캄한 자에게 밝음이란 말은 상상화다

 내 안에서 이슬방울로 맺히는 한 세계를 순백의 경험인 듯 바라보고 있었다 버려진 것들끼리 기댄 풍경이 진저리치도록 아름답게 익어갔다 아늘아늘 부푼 나는 그 작열 속에 나를 풀었다 그대로 한 마리의 벌레인 나, 주름진 마디로 앉은뱅이풀과 즐겁게 내통했다 잠자리며 산실인 그녀가 내게 산차조기와 사마귀의 붉고 푸른 비밀을 귀띔해 주었다 커다랗게 버려진 것들만이 건널 수 있는 강과 바람과 그 너머에

자리한 솔숲의 향기까지, 그때 처음 태어나는 말들이 흰빛으로 그려졌다 눈을 감고도 환한 세밀화였다

사마천을 쓰다

건널 수 없는 행간 사이 부르르 떤다
잠시 한 극명을, 생사로 벌리고
마지막 보루를 뺏긴
은사시나무의 깊은 가난을 만져본다
정곡을 찍힌 밑동, 그 욱신욱신한 서사를
치욕보다 절실한 바람 한 줄이
물의 몸으로 읽고 간다

궁극이 잘린 궁극을 보듬어 세운다
지주 없는 깃발
모음을 달지 못한 ㄱ, ㄴ, ㄷ, ㄹ이
비틀비틀 굴러간다
파초 뿌리 아래 발목을 묻은 무명용사처럼
알알해진 목마름이
어름덩굴로 타오르고 있다
칼날 위에 놓인 묵음들이
귀두로 몰리는 피처럼 불끈거린다

색을 지워 눈귀 밝아진 군자란(君子蘭)
살촉을 틔우고 있다
펄펄 끓는 진실이 죽으면 쓸개즙 같은 역설이 태어날까?

반란의 정사(正史)를 쓴다
침봉에 꽂는 꽃대 아으, 벌겋게 단 형벌
궁서체로 피워 올린다
탱탱 꽃꽃, 탱탱 꼿꼿
저 필봉의 무두질!

마상격문(馬上檄文)

신국(辛國)의 서쪽 방향으로부터
반쯤 벙근 매화가 감당할 수 없는 기운을
국경 너머로 밀어낼 때
발향보다 더 저릿한 낯빛을 한 사내가
수리치재를 달린다
휘날리는 갈기 사이로 그의 얼굴이 어둡다
길은 늘 그랬다 처음이면서 마지막인 역사의 몇 장처럼
아련한 끝을 보이며 만져질 듯 만져질 듯 사라져갔다
이 길도 그럴 것이다 처음이면서 마지막인
저 하늘과 저 태양, 목숨을 요하는 허허벌판
거기 오직 뜨거운 피를 묻으러
이 땅에 없는 길을 가고 있는지도 모른다
꺼져가는 횃불, 조정의 명운이 단애에 부딪치는 파도로 부르고 있다
창백한 왕보다 더 창백한 백성의 마을을 위해
하나 남은 패를 던져야 하는
싸움은 사면초가에 있다
그런 세상의 가망 없는 끝을 향해 걸어간 민들레 뿌리

같은

　처자(妻子)의 울음 가슴에 묻고
　달려간다 눈물을 뿌리리, 풀들의 맹서여
　살아있음은 이리도 가물거리는 별빛인가!
　갑옷처럼 갑갑한 이 생의 껍질을 베어
　사초의 제단에 바치리니 구름떼 비로 쏟아지리라
　스러져가는 유황불 등에 짊어지고
　우우우 일어서는 범의 입속으로
　마지막 결의는 채찍을 내려친다

파르마콘*

석 박사 약국에 약을 사러 갑니다
동네에서도 소문난 석 박사 약국
발 디딜 틈 없는 사람들로 북적댑니다
모두 박사님의 환자들입니다
만병통치한다는 마법의 약,
독감을 녹이고 홧병을 녹이고 우울증을 녹인다지요
힐끗 나를 한 번 훑어본 박사는
재빨리 조제실 너머로 사라집니다
또닥또닥 무언가를 떨어뜨려
빻기도 하고 갈기도 하는 박사의 익숙한 손끝에서
내가 한 번도 듣지 못한 성분들이 배합됩니다
창가에서는 아스파라거스가 피고 완두콩이 열립니다
출처가 꼬인 덩굴손이 남남쪽으로 뻗어갑니다
미심쩍은 햇살과 오후 두 시의 불안이
도가니 안으로 빨려듭니다
금박의 수상쩍은 자격증도 빨려듭니다
어쩌면 박사는 한눈에 나의 증상을 읽어내고

흥분제와 진정제를 묘한 비율로 섞고 있는지도 모릅니다

강단 한 알, 연민 한 술

극소량의 독 한 방울이 첨가될지도 모릅니다

오늘부터 당신은 나의 환자입니다

약을 건네주는 박사님의 눈빛이 잔인하게 부드럽습니다

거부할 수 없는 그 눈빛에 압도된 순간

나는 내용물을 복용합니다 이름도 성분도 모르는

오래 중독될 어떤 불온을

비슷한 명함은 도처에 있습니다

---

* '마법의 약'이라는 뜻. 고대 그리스에서 이것은 치료제와 질병을 동시에 의미했다.

채찍

그것은
굴욕과 쾌감을 한몸에 키우는
매이다
떨쳐내고 싶은 몸부림에 비례해서
감기어드는 그것은
우리의 맥박 속에 걸쳐진
가장 여리고 강한 힘줄을 고눈다
통, 울리는 순간
온몸이 탱탱해지는 타악기 같다
야릇한 에너지의 용솟음이
몇 봉우리를 뛰어넘어
카타르시스에 이르는 경로를 가진다
번쩍! 내리꽂히는
찰나의 광휘를 붙잡아본 사람은
왜 채찍이 당근보다
깊은 전율을 남기는지 안다
고통을 좇아 즐기는

모든 위악의 속성이 거기에 있다

가자(Gaza)에 떠운다

정확한 병명이 포착되지 않는다
식은땀 뿜어내고 있지만 체온계는 그대로다
아픔은 누군가를 잡고 나야 해결되는 끼니인가
해프닝으로 끝나는 처방전이 묵계처럼 덮인다
여기는 가자, 지도에는 있지만 존재하지 않는
싸움터다 봉인된 입들만이 공기처럼 흘러간다
그 화염의 망루에 피어나는 꽃들이 있다
땅보다 하늘과 가까운 문으로 배달되는 꽃들
타오르는 입이 뿌리가 된 불꽃들

가지도 오지도 못하는 부음이 귀를 닫고 눈을 닫고
장례를 치른다 문상객들만 분분한 마을
치유될 수 없는 상처는 죽음보다 불순하다 예의도 없이 덮이는
울음들, 수레국화로 눌린다
가자의 한복판에서
중심을 흔들지 못하는 헛뿌리를 키우며

진정 해부될 가자는 있는가
스스로를 긋는 것이다 꽃물 진저리친 홍역에도
끝내 물들지 않는 가자는 다만, 가자! 로 돌아선다
잘린 참나무 밑동 같은 우리는
뉴스 속에 지워진 지상의 얼굴이다

팩트는 스토리를 이길 수 있는가?

그는 세 걸음쯤 앞서 얘기하는 걸 흘려버린다
늘 자신에게 집중해 있어 주변이 그를 통과하지 못한다
자신이 고갱이가 되느라 알심이 되느라
지지대가 설 자리를 주지 않는다
통하지 않는 바람벽
오롯한 구석을 노른자위로 부화할 꿈을 꾸는
곁두리 없는 계통의 뿌리가 음습하고 깊다
중심 아닌 중심을 세우느라 청춘을 악착같이 바쳤다
끊임없이 다그쳐온 '왜'라는 물음과 '그럼에도' 사이
끼인 몸이 납작납작 숨을 몰아쉴 때까지
필사적이었다 탄환이며 날개라 믿는 그것을,
가두에서 시위에서 연단에서
헛뿌리의 양산을 전위적으로 고발했다
넘쳐나는 팩트, 팩트 부글거리는 신물나는
가짜 팩트를 몰아내자, 그것만이 시대의 야만에 맞서는
진정한 팩트의 싸움이라고

그런 그가 증발되었다
믿기지 않는 사실화가
해거름 텅 빈 광장을 스스스스 밑칠하고 있었다
가장 생생한 팩트가 되기 위해
바닥난, 밑 뚫린, 재생불능의 과정을
온몸으로 걸러낸 그를
누군가 팻트병처럼 집어갔다

엮거나 엮이지 못하면 살아남지 못하는 스토리
씨앗조차 간단히 개량해버리는

롱기누스의 창*

식인상어 같은 창이 있죠
섬뜩한 살기어린
창의 이빨이 어둠 속에서도 잘 보이죠
만인의 눈동자가 박힌 창
때로는 당신을 독오른 사냥개처럼 내모는
그것이 번쩍, 예각을 그릴 때
옆구리를 스쳐가는 천둥과 번개를 보죠
떠받쳐진 높이만큼 아픔이 깊어지는 밤
검붉은 별빛, 허공에 갈라지는 예언을 보아요
무방비로 꽂힌 무기를
나는 사랑이라고 부르지요
당신은 나의 창 나의 십자가
호구(虎口)에 응답하지 못한 나의 죄과죠
저 장막 뒤
나를 심판하는 캄캄한 힘들을 보아요
땅에서도 이루어지는 하늘나라가 잘 보이죠
피 묻은 창을 남몰래 닦는 당신

소스라치는 힘줄이 읽혀요

세상이 만들어낸 바쿠**의 눈동자가

어디로 당신을 몰아가는지

---

* 예수가 십자가에 못박혀 있을 때 예수의 옆구리를 찔렀다는 로마병사의 창.
** 중국에서 전래된 상상 속의 동물로, 인간의 악몽을 먹는다고 전해진다.

오, 적이여 너는 나의 용기다*

적이 없는 쓸쓸한 시대야
반쯤 눈 감긴 청어를 뒤집으며 K가 말했다
적이 없다구? 포장마차로 들이치는 빗줄기가
치직치직 내 말의 꽁다리를 구웠다
빌어먹을,
날 악착같이 살게 하는 적이 없단 말이야
불그레해진 눈꼬리에 잔뜩 힘을 싣더니
탁자 모서리 맥빠진 거품처럼 그는
푹 고꾸라졌다 거세어진 빗줄기가
패인 등골을 깊게 때리고 있었다

너를 악착같이 살게 해 줄 적이 내가 아니었구나!
파초에 숨은 귀뚜라미 울음을 이백의 싯귀에나 기대어 보는
나의 낭만이 쓸쓸한 친구야
한때는 뉜들 바윗덩어리를 끌어안고 산동네를 오르는
푸른 신화가 아니었겠느냐 화선지에 스며버린 먹물 같은

나는
　너의 적과 어떻게 다른가

　시위를 떠난 빗줄기가 낙엽의 홍심을 뚫고 있다
　추락하면서 정신을 깨는
　그 가벼움이 우주의 하중일 것이다
　나를 살게 하는 적은 어느 심방에 각궁의 눈을 켜고 있을까
　취중에도 번쩍 뜨이는 질문이
　일침으로 날아와 꽂힌다
　나는 이미 온몸이 과녁이다

---

* 임화가 묘비명으로 내걸었던 말.

퇴적암

너에게 닿기 위해

무서운 기다림을 쌓는다

이미 오래전 나 하나의 별이었다가

별똥별이 된 무덤들,

어떤 충격은 살아나지 못할 추억을 화석으로 굽는다

제 꼬리를 물고 도는 뱀처럼

안으로 고이는 적의

치독하지 못하면 나를 삼켜버릴 아귀다

상대도 못되면서 세계라고 불러주길 바라는 것들이 있다

스크럼을 짜면 내 맘이 될 것 같았던 너

먼 별빛과 등거리란 걸 알아챈 날 손을 놓았다

진즉 어긋난 단층 앞에서 꿈꾼 연대라니!

그걸 버려둔 넌 얼마나 잔인한가

던져넣은 무게만큼 가라앉는 중력을

깊이라고 부른, 농담을

열렬히 옹호한 사랑은 식은땀을 흘렸던가?

밑밥이 걸어 조인 아가미

그 절박을, 한 번 더 밟는 발이 있었다
모래성처럼 무너지는 누적을 생각했던 그 밤
공허라는 말의 지층이 어떻게 쌓이는지 알았다
나를 울리는 이슬비는 네가 아니었다
헐린 몸 한 번 더 적시며 돌아나가는 시간의 사금이었다
무섭도록 집요한 반짝임을
가만가만 체질하는 바람이었다
아름다운 단애 이끼 낀 몸, 희귀한 화석처럼 들추던
속살이 우레의 무늬라고 그랬던가?

제5부

심우도

이중섭의 심우도(心牛圖)

  텅 빈 새벽, 붓통을 들고 화실을 나선다 고삐 같은 길이 발꿈치를 찔러 아픈 꿈 밟히는 자국마다 농도가 다른 자유를 그리지 플라타너스 이파리에 부서지는 하늘 또박또박 영혼에 새기며, 밤을 허옇게 밀어붙이는 황소가 되었지 투두타다 외줄 열정을 몰아가는 광기에 죽음도 흔들리며 탄생하지 엄습하는 공포를 먹고 색채를 깨운 밝은 창살무늬 통점아 죽어서도 여전히 활력인 당신, 한 마리 소가 되어 가로수 밑을 들이받는다 내 뿔의 근력을 묻는다 아무도 깨지 않은 새벽거리를 환시(幻視)의 빛으로 물들이는 당신

미친 듯이 달리는 것들은

  끝을 모른다 엎질러진 물은 스스로 형체를 지운다 상상 밖 상상화를 뭉텅뭉텅 게운다 허물어진 구도를 오직 바탕의 힘만으로 달린다 탈것도 없다 날개도 없다 부여 받지 못했다는 건 어쩌면 은총이다 신이 그들을 버리기 전 이미 자신을 구원한 족속 광야의 시험에서 살아남은 몸이 병기다 낙타 혹이 바늘귀를 통과하는 초식을 터득했다 비등점 이상의 온도를 지닌 안으로 끓어 넘치는 것들 키보다 높은 담을 기어이 넘는 출혈이 빛깔이며 속도다 독 오른 꼬리는 머리를 문다 통각 환한 살모사 발 없는 그 몸이, 출발이자 끝인 풍차를 광광광(狂狂狂) 돌린다 탈주의 가속도가 제 몸을 뚫고 우주로 날아가는 화살이다 저 깨끗한 명중을 봐 눈부신 살의 화(火), 화(花)의 살이 소실점으로 하르르 꽂히는

어떤 비망록

따라잡을 수 없는 작품을 외경으로 읽는 밤
나는 왜 천재가 아닌가, 거울을 깨고 싶었다
입구는 있고 출구가 없는 동굴로 들어간 사람들이
백악기 화석으로 발굴된 이야기
이름을 얻은 빗살무늬 내력들이 눈부신 날개를 달고
스스로의 산맥을 넘어갔다
죽은 자와 산 자가 풍로에 날리는 볍씨처럼 자명한 밤
붉게 번지는 백지 위로
소름 돋친 옻나무 몇 잎이 가늘게 울었다
날개를 먹이로 바꾼 어떤 목숨은
저탄더미 속에 굴곡 큰 뒤태를 묻었다
살아서는 발굴되지 못할 이야기들이
전갈좌, 사수좌로 뜨는 밤
끝끝내 별이 되지 못한 어처구니들은
사그라진 꼬리를 바다 한가운데로 날리는 중이었다
툇마루에 앉아 그걸 가만히 바라보았다
내 나이 마흔 살, 더 도질 곳 없는

내상으로부터 새어나오는 빛이
모든 고요한 운행의 언저리
깨꽃처럼 싸한 슬픔을 깨우고 있었다

숫돌

이를 악문 빛날들 기어오른다
천 개의 칼을 갈고도 자루 한 번 쥐지 못한
예정된 운명이 낭자하게 핀다
툭 터지지 못한 피가 안으로 고일 때
가장 단단한 것들, 패각무늬로 새겨진다
막다른 것들의 역사는 그렇게 열린다
소나무 껍질처럼 투박한 살갗, 옹이진 뼈마디
칼금문신이 파랗게 시리다
이쯤서 웅크리고 앉아 가만히 바라보면
무딘 날이 상처를 더 깊게 한다
비워낼수록 영험이 서리는 포석
달빛 간간한 집이 된다
그 우묵한 돌 앞에 서면
소리를 삼켜 예리함을 얻는 모든 우회의 길이 직방이다
단숨에 고통을 날려버릴 한 칼
상극 희망을 피뢰침처럼 안고
그저, 받고 또 받아내야 하는 길 한가운데

물러설 곳 없는 이들의 거처가 반듯하다
세상을 갈아내는 길 한 획
흘림체로 품어 안는 오 갸륵한 바탕
진저리 살점을 깎은, 벼루가 있다

깊은 뒤태

 늘 보지만 보이지 않는 것들은 등 너머 울음을 키운다 껍질과 알속, 딱딱하고 말랑말랑한 경계에 갇힌 비무장의 숨소리, 바람 없는 날 아버지를 따라 논둑길을 걷다 들었다 여뀌 알방동사니 머구리밥 물달개비 올방개…… 깜냥대로 호명되지 못할 잡풀들이 천수답 흐릿한 물그림자로 고여 있었다 진흙인 평생을 바닥보다 깊이 빠져드는 아버지 발목 힘줄이 우는 소리, 아쟁 같았다 울음을 버린 악기를 견디는 시선은 눅진한 빛깔이었다 먼 산 자귀나무 꽃들이 흐드러진 색을 남발하고 있었다 울음도 어쩌면 저 남발과 한통속이 아닐까? 엎드린 논둑 같은 아버지 등은 비를 기다리는 천수답이었다 아버지의 몸을 천천히 통과하여 내게로 스며드는 수채화, 멍으로 응어리진 색채가 무풍지대로 잠입하고 있었다 등 뒤에 선 누가 저릿한 울음을 풀고 있었다 가닥은 잡혔으나 발설할 수 없었다

침묵

말랑말랑한 반투막, 지분거리지 않는다
겉돌지 않고 딱딱하지도 않은
수천 겹 소리의 결을 말아 묵을 낸다
번다한 입들 짖고 까부는 층층나무 군락에서
외따로 떨어진 도토리
안으로 도는 나잇살 켜를 맑은 물에 걸러
눅진한 불로 천천히 끓인 묵
바람과 햇빛 들고난 자취 잔잔히 떠올리는 노모의 손
찌르르 풀벌레 울음을 켜고 있다
속살 아늘아늘한 세모시적삼 안쪽에 재인 결
잘박잘박 풀어내는 소리의 창파가 빚은 묵 한 덩이
반듯한 몸판에 담아낸다
평생을 다스리는 일이 촌음일 수도 있을 터,
성정 불같은 사람은 자주 화기를 엎어 도루묵을 만들기도 한다
진액일수록 겉보기 등급이 거무스레해 보이는 낯
체로 친 몸과 마음 내린 액정이

천진하게 밝은 올갱이다

개짐을 빨다

탱자나무 가시에 보름달이 찢기고 있다
올올이 게워내는 선홍빛 실꽃
달거리 몸살의 연원 읽으러
고하 간다
개짐을 헹구자 하르르 풀리는 달빛
목단꽃 한 그루 하혈한다
아릿하게 돌아 배어나는 얼룩이
온갖 빛 키워온 그늘의 증언이다
물빛 한 켜에 이지러지는 색
울컥, 적란운 형질로 미끄러진다
저 슬픔을 잡으러 가야 해
한 발 두 발 물속으로, 나는 빨래처럼 잠기고
가물가물 귓전에 달라붙는 불은 때 같은 목소리
애야, 그건 씻김의 징후란다
발 닿지 않는 바닥을 혼절 혼절 떠내려가야 풀리는,
점점 깊어진 달 기척도 없이 닳아간다
거봐, 저리 환하지 않니!

건져 올릴 수 없는 것들의 뒤태란다
물살의 고둥 비리게 돌아
까마득 잠적하는
어머니의 딸은 달의 몽유도
그렁그렁 고하(苦河)
지워져 선연한 울금빛 개짐

손

 내 아버지 칠불암에 빌어주셨네 여리고 흰 그것, 물 한 방울 묻히지 말라 품어주셨네 그걸 빈 소쿠리처럼 받쳐 들고 산뽕 따러 간다 외진 그늘 아래 발갛게 물오른 오디만큼 부푼 그것이

 그려낸 탐욕을 업고 여기까지 왔다 유혹이 까닥까닥 나를 숨막히게 조종한다 살갑고 선연한 손뼉이 가리키는 길, 부여잡고 싶었다 순하게 벋은 손금 같은 산뽕나무 아래

 기쁨으로 오소소 자라고 싶었다 나의 그것은 바깥을 모르고 커가는 한 세계여서 요람이며 넝쿨이 그의 형상이었다 거머쥐지 않아도 잡히는 감이 질료였다 온갖 수완의 엄지인 그것이

 막다른 골목에 섰다 잡지 않으면 나아가지 못하는 길, 수고를 덜려다 잡힌 목덜미 앞에 한 그릇의 밥이 놓인다 한 톨 뜨거움으로 차오르는 촉감을

어떤 거룩한 거래라 불러야 하나

목계(木鷄)

울 수 없었습니다
울음을 모르거나 방법이 틀렸다고,
중구난방이 방아를 찧었습니다
그렇게 많은 험구가 쏟아져 강물을 이룰 동안
한마디 비명도 치지 못한 싸움판이었습니다
모래주머니로 빚은 입이 장식처럼
엎치락뒤치락 흘러 다녔습니다
입은 울음을 울음이게 하지
부르튼 볏들이 핏대를 세웠습니다
퍼렇게 멍든 울음이 하나씩 뛰어내렸습니다
가고 싶은 세상과 울음이 풀리는 길목은 방향이 달랐습니다
가벼운 입 무거운 울음이
이빨이 맞지 않는 지퍼 모양 벌어졌습니다
그 사이로 단아한 기품 하나가 산란되었습니다
무수한 그 밖의 말들이 구구구구 달아났습니다
그 전열을

입 없이 가르는 입이었습니다
나이테가 솔향으로 번지는
날개가 바닥을 품은 돋을새김
한 그루 나무를 오롯이 관통한 묵비가
투계의 눈빛으로 꽂혔습니다
목각 한 본을 아프게 팠습니다

단추

단추의 생명은 구멍이다
그 좁고 캄캄한 구멍 속으로
흘러들어간 환한 실오라기들이
얼마나 단단한 결속의 언약인지

구멍이 없는 것들은 모른다
소통이란 한 가닥 실오라기 같은 것,
입술에서 입술로 뚫린 이음줄이
오감을 울려내는 둥근 탄성을

몸이 열리는 맨 처음의 자리와
마음이 닫히는 맨 끝자리에
단추가 있고
원죄 같은 구멍 속으로 흘러온 역사는
사실 단추의 역사인데
그 풀고 잠그는 행태가
능히 한 서사를 바꾸기도 한다

해설

해설

의고적 제재의 현재화와 내밀한 비유적 문장들

공광규(시인)

 이인주 시인의 문장은 개인의 구체적 체험보다 대상을 관조하여 진술해가는 힘이 센 편이다. 시인의 시를 거칠게 유형화한다면 의고적 제재의 인용 및 인유와 현재화, 현실비판과 불교적 제재의 형상, 그리고 내밀하고 아름다운 비유적 문장을 들 수 있겠다. 특히 시집의 구성에서 각 부의 서시를 수월관음도, 송화보월도, 기려도, 초충도, 심우도 등 우리 회화를 제재로 배치한 것이 눈에 띈다.
 다른 시집에서 보기 드문 낯선 방식이니, 아마 이 시집이 가지고 있는 특징이라고 해도 되고 개성이라고 해도 되겠다. 위에 언급된 그림들은 한국을 대표하는 전통적이고도 전형적인 회화다. 시인은 이들 회화를 직접 관람하거나 서적이나 인터넷 등으로 관찰하여 서정적 필치로 형상하고 있다. 시인은 의고적 제재의 수틀에 현재라는 수실로 자수를 놓듯이 언어를 세공하고 있다. 아래 시는 시집의 첫 시 수월관음도(水月觀音圖)이다.

600년 전 남국 어느 바닷가 달무리로 품었던 원광(圓光), 통도사에서 만났다 얼핏 낯익은 듯도 한 버들가지 손, 주름진 연꽃 맨발로 피운 여인의 옷자락을 만진다 주르르 마엽무늬 물처럼 흘러내린다 베일에 감싸인 시간의 속살 아늘아늘 헤엄치자면 무량겁은 걸리겠다 선연히 부딪친 눈빛이 정병에 화들짝 꽂힌다

사바를 껴안는 꿈이 공감대라면 분수가 웃을까? 자태는 천양지차다 바위의 가부좌 대신 밥상을 의자를 침대를 깔고 대지의 기운 대신 업 속을 벌레처럼 파고든다 금니은니 비단 대신 싸구려 천의를 걸친, 언감생심이 그런 문양일 것이다 거북등을 그리는 내 무릎과 당초문을 엷게 바림질하는 여인 사이

화불보관 쓸 일 없어도 달 비친 바다 위에 설 수 있는, 그 길을 걸어 나는 예까지 왔다 600년이 너무 짧다 서로 모르고도 아픈 물의 살갗 오래 어루만져주는 손, 환한 광채를 빚는다

_「수월관음도」 전문

수월관음도는 세계적으로 유명한 고려시대의 불화인데, 당시에 유행한 주제도이기도 하다. 화엄경 입법계품 28번째에 실려 있는 설화에 근거한 것으로 구도의 뜻을 품은 선재동자가 깨달음을 얻기 위해 떠난 여행지인 보타낙가산을 방문해서 관음보살

을 대면하고 불법을 듣는 장면을 그린 것이다.

화자가 수월관음도를 만난 장소는 통도사이다. 현재 통도사에 없는 수월관음도를 만났다니, 아마 시인이 2009년 통도사 성보박물관에서 기획한 전시회에 갔던 것으로 추정된다. 이 그림은 고려 충선왕 왕비였던 숙비(淑妃)가 8명의 궁정화가를 동원하여 1310년 5월에 완성한 공동작품으로 알려져 있다.

지금은 일본의 신사에서 소장하고 있는데, 1310년 고려의 왕실에서 제작되어 1391년 일본 승려 료우켄(養賢)이 가가미신사에 진상했다는 기록이 있다고 한다. 물론 이 불화뿐만 아니라 현존하는 고려불화 160점 가운데 국내에 남아있는 불화는 10여점에 불과하며 나머지는 대부분 일본에 소장되어 있다고 한다.

수월관음도는 고난의 세계에서 안락한 세계로 중생을 이끌어 준다는 자비를 상징하는 관세음보살이 신비하고 은은한 달빛을 배경으로 앉아있는 그림이다. 화자는 깨끗한 몸과 화려한 의상이 인상적인 그림 속의 인물이 "낯익은 듯도 한 버들가지 손"을 가졌거나 옷자락이 "주르르 마엽무늬 물처럼 흘러내린다"고 묘사한다.

시의 대상인 그림의 아름다움을 형상하기 위해 동원되는 시어들이 연꽃, 마엽무늬, 무량겁, 정병, 사바, 가부좌, 금니 은니, 당초문, 화불보관 등 우리 문화에 습합된 불교적이고도 의고적인 어휘들이다. 화자는 보살이 되어 화불보관을 쓸 일이 없지만 "달 비친 바다 위에 설 수 있는" 구도의 길을 '여기'까지 걸어왔다고 한다. '여기'는 통도사 박물관 수월관음도 앞일 수도 있고, 화자가 걸어 온 인생의 어느 지점을 암시하기도 한다.

「송하보월도(松下步月圖)」는 달밤에 소나무가 서 있는 벼랑 아래로 난 길을 도포를 입은 선비와 어린아이가 거니는 그림이다. 16세기 학포 이상좌가 그렸다고 하는데, 국립중앙박물관에 소장되어 있다. 어느 선비의 가노(家奴)였으나 어려서부터 그림을 잘 그려서 궁중의 특명으로 도화서 화원이 된 조선시대 안견 이래 최고 화가라는 의견도 있다.

　이 시는 그림에 대한 시인의 세밀한 관찰과 내밀한 사유가 그림의 깊이를 더하게 만든 시라고 할 수 있다. 달빛과 달빛그림자 등 달빛 심상 위에 "깊이가 골똘하다" "침엽의 사서" "수액의 경전 낙락장송 흰 서사" "달빛 보폭" 등의 아름다운 문장을 수놓으면서 한편의 아름다운 그림으로 재탄생시킨다. 시가 그림에 금상첨화의 기능을 하는 것이다.

　아마「기려도」는 "파필에 튀는 먹물"을 참조할 때 17세기 김명국의 그림을 연상케 한다. 김명국은 술과 기이한 행동을 하고 거친 필치와 흑백대비가 심한 묵법으로 그림을 그렸다고 한다. "파필에 튀는 먹물은 여백의 꽃"이고, "삼나무 가지에 깨인 달이 접시불이다"는 은유와 "푸르르 한 마리 당나귀가 운다"는 의성어가 시를 활력 있게 한다. 이 시는 앞의 두 시「수월관음도」나「송하보월도」와 같이 달이나 달빛을 배경으로 하는 것이 특징이다.

　　풀잎 아래 몸을 누인다 뼈 없는 통증이 편안하다 난생의 벌레인 나는 늘 웅크린 자의 등을 기억한다 아버지가 그랬고 애인이 그랬고 생각이, 말이 그랬다 직립을 꿈꾸었으나 접히지 않을 만큼 독하지 못했다 낙오자로 채색된 길을 굼실굼실 기는 종족, 수

풀 아래 버려진 울음이 온밤을 적시도록 적막은 한지처럼 흔들렸다 캄캄한 먹물을 쏟아내어 울음을 그렸으나 여백 한 점 들키지 못했다 풀뿌리를 닮은 말들이 자꾸만 지하로 뻗어갔다 온몸으로 캄캄한 자에게 밝음이란 말은 상상화다

내 안에서 이슬방울로 맺히는 한 세계를 순백의 경험인 듯 바라보고 있었다 버려진 것들끼리 기댄 풍경이 진저리치도록 아름답게 익어갔다 아늘아늘 부푼 나는 그 작열 속에 나를 풀었다 그대로 한 마리의 벌레인 나, 주름진 마디로 앉은뱅이풀과 즐겁게 내통했다 잠자리며 산실인 그녀가 내게 산차조기와 사마귀의 붉고 푸른 비밀을 귀띔해 주었다 커다랗게 버려진 것들만이 건널 수 있는 강과 바람과 그 너머에 자리한 솔숲의 향기까지, 그때 처음 태어나는 말들이 흰빛으로 그려졌다 눈을 감고도 환한 세밀화였다

_「초충도」 전문

꽃과 새를 그리는 것을 화조도(花鳥圖)라 하고, 꽃과 풀을 그린 것을 화훼도(花卉圖)라고 한다. 또 깃과 털이 달린 짐승을 그린 것은 영모도(翎毛圖)이다. 당연히 풀과 벌레를 그린 것을 초충도(草蟲圖)라고 한다.

시 「초충도」는 풀과 벌레를 그린 그림이다. 조선시대 신사임당이 가장 유명하다. 이 시는 앞에 시 「수월관음도」나 「송하보월도」, 그리고 「기려도」와 다르게 시적 대상인 그림과 거리를 유지한 채 화자 자신의 서정적 충동을 내밀하게 진술하고 있다.

화자는 자신을 "난생의 벌레인 나"로 비하한다. 대부분 시에서 자기비하는 반전을 위한 진술 전략이다. 화자 스스로 "한 마리의 벌레인 나"는 등을 웅크리고 산 아버지나 애인을 기억하는 존재다. 화자의 사유와 언어도 등을 웅크린 소외된 자아이다. 이 벌레에 불과한 소외된 자아는 "먹물을 쏟아내어 울음을 그'리며 '지하'로 침잠하는 존재가 되기도 한다.

그러나 소외와 침잠으로 자기 안에 응축된 자아는 순백의 세계를 본다. 부정적으로 응축되었던 자아의 긍정적인 폭발은 못난 앉은뱅이풀과도 내통하고 산차조기와 사마귀의 비밀을 귀띔으로 듣기도 한다. 이렇게 "커다랗게 버려진 것", 큰 소외와 울음은 "환한 세밀화"로 태어난다. 절대 소외와 고독과 울음 속에서 환한 예술의 경지를 만났다는 것을 비유적 문장으로 진술하고 있다.

위에 언급한 시들과 같이 이인주의 시는 화가를 인용한 「이중섭의 심우도」와 몽유도를 인용한 「개짐을 빨다」, 점층법을 언급한 「고산에 걸린 달」, 수채화를 인용한 「깊은 뒤태」, 소실점을 인용한 「미친듯이 달리는 것들은」, 그림의 양식을 인용한 「북종화」, 동양화법을 수용한 「파묵」 등 그림이나 그림 기법 또는 양식을 제재로 한 시들이 상당수에 이른다. 시와 그림의 근친성이 시에서 소재를 통해 풍부하게 나타나고 있는 것이다. 시인의 창작방식이 '시는 곧 그림이고 그림은 곧 시'라는 옛 화론과 꼭 부합하지는 않지만, 시인은 시와 그림의 상관성을 제재적 접근을 통해 계속 확인해 내고 있는 것이다.

위에 언급한 옛 그림 소재 시는 물론 「첨밀밀」이나 「마상격문-

중봉 조헌 선생을 기리다」,「다산에 기대어」,「목계」,「칼바위 풍란」,「사마천을 쓰다」 등 많은 시에서 의고적 어휘를 활용하는 것도 이인주 시의 특징 가운데 하나다. 구태한 소재주의에 빠지기 쉬운 의고적인 어휘를 아름다운 현재적 문장으로 새롭게 재생시키는 재능을 시인은 가지고 있다.

이를 테면 "신국(辛國)의 서쪽방향으로부터/ 반쯤 벙근 매화가 감당할 수 없는 기운을/ 국경 너머로 밀어낼 때/ 발향보다 더 저릿한 낯빛을 한 사내가/ 수리치재를 달린다/ 휘날리는 갈기 사이로 그의 얼굴이 어둡다"(「마상격문-중봉 조헌선생을 기리다」 부분) 같은 경우다. 「개짐을 빨다」,「고산에 걸린 달」,「첨밀밀」 등은 의고적 제재를 가지고 현재어로 쓴 아름다운 문장의 시들이다.

아울러 이인주의 시는 의고적 제재 활용과 문장의 아름다움을 넘어 현재성과 비판성을 잃어버리지 않고 있다.

> 문제는 포장술이다
> 사과도 차별화되어야 팔리는 시대
> 숭고한 가치와 비전도 수사학이 없으면 비닐봉지,
> 사과는 사과를 압도한다
>
> 직설화법은 사과를 밥으로 만들지 못한다
> 아직도 빨간 사과를 우세한 포장지로 삼는 쪽은
> 시장에서 퇴보를 판매하는 가게다
>
> 지금이 어느 시대인가

뱀의 설득이 말씀을 이기는 감칠맛의 시대
소감의 나누기 시대 아닌가

딸 수 없는 사과와
따서는 안 되는 사과가 모두 굴복하는
블랙박스 안에서
야릇한 마녀의 사과는 불티나게 팔린다
범국민적으로 세계적으로

그것이 세일즈다 철책도 터부도 갈아엎는 농부의
색다른 경작법이다 레드에게 레드카드를 내미는
독 오른 사과, 자본주의 권법의 수사학이다
　　　　　　　　　　　　　　　　_「자본주의 수사학」 전문

대형매장 코너마다
카트를 끌고 돌아다닌다
무작정 무모하게 무진장

최신공법 다리를 건너온 너
이 빠진 징검돌을 간당거린 나

줄다리기가 팽팽하지 않다
쏠린 줄 끝에 매달린 나는 몸무게의 중력으로 버티고 있다
쇼핑이 무아지경이다

내가 한 점 먹이가 될 동안 너의 부피는 공룡처럼 거대해진다
무게가 무게를 먹어치울 입의 포함관계가 보인다
선택하는 것이 너를 쥐는 것으로 착각한 들러리,
욕망을 저당 잡힌 선수의 싸움은 순간이 결말이다

중독을 게임이라고 말하는 사람들 틈서리
나는 노란 쑥처럼 핼쑥하다
싸움은 정직한 노동, 결말은 정직하지 않다
끝장의 품목들이 자주 카트에 실려 나갔다
영문을 모른 채 딸려가는 거대한 컨베이어 벨트
목숨을 담보로 뜸 들인 밥이 나라는 것,
김나는 전략이 성황이다

_「시스템들」전문

이인주가 「자본주의 수사학」에서 진술하듯 자본주의는 포장 사회다. 포장은 이미지다. 이미지는 포장이고 화장이다. 포장과 화장은 맨얼굴을 가린다. 고급 브랜드 여성 핸드백이나 남성 화장품이 가장 많이 팔리는 나라가 한국이라고 한다. 포장은 한국 사회의 현주소다. 포장해야 상품이나 노동력을 더 나은 가격으로 팔 수 있기 때문이다. 이미지와 달리 내용이 엉망인 상품과 사람을 봤을 것이다.

차별화는 경쟁의 처음이다. 경쟁은 상대와 차별화하면서 시작된다. 차별화와 경쟁 만능지상주의는 인간성을 파괴한다. 인간성이 파괴된 인간은 짐승이나 마찬가지다. 현재 우리 사회가 포

장으로 과포장으로 차별화로 과대경쟁으로 인해 짐승의 사회로 전화되어가는 이유다. 노동시간과 자살자가 세계 1위인 나라가 한국이다. 무차별적인 절망살인이 증가하고 추행이 빈번한 이유다. 인간이 인간 아니듯, 시인의 정의대로 사과도 사과가 아니다.

이인주는 이런 한국 사회의 현재를 포장술과 차별화라는 두 개의 핵심 단어로 정리하고 있다. 과대 포장술과 화장술, 이미지 경쟁으로 유혹이 창궐하여 "뱀의 설득이 말씀을 이기는 감칠맛의 시대"가 되었다는 것이다. 진리보다는 달콤한 유혹, 영양보다는 감칠맛이 이기는 시대를 시인은 나름의 화법으로 형상하고 있다.

자본주의 시스템의 상징적 형상물은 대형공장이나 고층빌딩, 그리고 대형 상점들이다. 「시스템들」에서 대형 상점 안에 상품을 사러 카트를 들고 돌아다니는 사람들이 있다. 카트를 끌고 다니는 사람들은 자본주의 시스템에 잘 적응한 승자의 표상 같지만 그 반대이다. 적응이 아니고 비자발적 순응이며 대형 상점의 공간에 갇혀 자본에게 자신의 화폐를 넘겨주는 사람들일 뿐이다.

이 자본의 필드에서 무작정이고 무모하고 무진장한 상품 구매 행위를 통해 사람들은 '쇼핑'의 무아지경에 이르기도 한다. 그것은 "욕망을 저당 잡힌" 삶이며. "중독을 게임"으로 오해하는 사람들이다. 이렇게 자본주의 시스템에 올라탄 사람들은 자본주의의 "거대한 컨베어 벨트"에서 내려오기가 어렵다.

시인은 「경기자-전리품 딜레마」에서 "정면승부의 활로를 잃어버린/ 이 시대의 경기자들은/ 옐로우카드 몇 장씩 숨기고 산다"며 비판한다. 경기자들은 자본주의 시스템이라는 사각 링에 오른 사람들이다. 옐로카드는 경쟁의 상대에게 사용할 비인간적인 수단을 비유한다.「어떤 유대」는 폭력적인 부부싸움을 하는 식구들이 다음날이면 아무 일 없다는 듯이 가족나들이를 가는 행위를 통해 현대 사회의 폭력성과 그 폭력성에 무감한 병든 사회, 비정상의 사회가 우리가 사는 사회라는 것을 암시한다.「와신상담」이나「오, 적이여 너는 나의용기다」,「마지막 제국」,「각저총」등의 시들도 현재 한국사회의 문제점을 비유적으로 지적한다.

이인주의 시집에 불교제재의 시가 다수 등장하는 것도 특징 가운데 하나다. 앞의「수월관음도」와「송하보월도」를 비롯해「심우도」,「죽력고」,「암자를 불사르다」,「목포의 눈물」,「산조」,「침묵」,「손」등 제법 많은 작품에 달한다.

꽃대궁 뻗은 산길 벼랑을 탄다
안간힘으로도 잡히지 않는
수직, 천길 아래
흔들리는 뿌리 바위를 뚫어내린 곳
신흥사 계조암을 오른다
세상 모든 근원이 저토록 단단한 침잠이라면
한 잎 갈대에 기댄 내 등은
얕은 바람에도 어찌할 바 모른다
캄캄한 산허리 오래전에 건너온
인연 하나가 내 안에서 간당거린다
이 해독할 수 없는 약한 끈이 나를 지탱해온 힘이라니!
주마등처럼 스쳐가는 서릿발이
절벽에 내리찧는 단풍으로 쏟아진다

그 풍경의 안쪽

수만 겁 흔들림을 쌓아 만들어진 암자가 있다

마른 나뭇가지 찬 바위에 불꽃을 피우는

영묘한 금당

해거름이 눙치는 빛과 어둠의 은밀한 교합

화들짝 벙그는 한 송이 꽃으로 설악은 있다

뜨거운 공양, 산그늘 한 채 고스란히 살랐다

숨어 피던 명자나무 사뭇 몸 달아

발길 어쩔 줄 모르는 흔들바위다

_「암자를 불사르다」 전문

위 시는 암자를 불사르겠다는 좀 과격한 제목을 달고 있다. 화자는 "꽃대궁 뻗은" 아름다운 산길 벼랑을 타고 있다. 수직 천길 아래를 바라보며 설악산 신흥사 계조암에 오르고 있는 중이다. 화자는 세상만사의 모든 근원이 "단단한 침잠"인데, 약한 갈대에 자신을 기대고 있어서 작은 바람에도 어찌할 바를 몰라서 삶이 쉽게 흔들린다는 것이다.

그래도 이런 화자를 지탱하도록 지켜준 것은 "오래전에 건너온/ 인연 하나"라고 한다. 인연은 문맥의 흐름상 암자로 비유되는 불교의 가르침 아닐까하는 추측을 해본다. "수만 겁 흔들림을 쌓아 만들어진 암자"나 "화들짝 벙그는 한 송이 꽃으로 설악은 있다"는 비유, "뜨거운 공양, 산그늘 한 채 고스란히 살랐다"는 표현이 아름답다.

술의 이름인 「죽력고」의 문장 가운데 "곧음과 휨의 분별과 어리석음을 모르는 편편(片片)이/ 보살이고 부처라는 생각"이라는 말,「목포의 눈물」에서는 "폐허도 한 송이 꽃이다/ 그 붉고 흐드러진 꽃잔이 자아내는 여흔은/ 아무나 발할 수 없는 불립문자다"라는 선적 단언,「그릇」에서 보여주는 "낡은 지문이 가문비나무처럼 흔들"리고 "넓이를 모르는 연못을 건너는 연밥그릇이 아름답다"는 세밀한 관찰과 비유, 파계사 수태골의 풍광과 판소리 장단을 결합시킨「산조」, 수천 겁 소리의 결을 말아 묵을 낸다는 상상의「침묵」, 화자의 아버지가 기도했다는「손」등 불교적 상상의 시들이 체화되어 형상된다.

불교 제제의 수용은 자칫 소재주의로 떨어질 우려가 높다. 그러나 이인주는 이러한 염려를 불식시키고 대상에 대한 세밀한 관찰에서 길어 올린 상상력으로 아름다운 시문을 직조해내고 있다. 우리 옛 그림이나 양식 및 기법, 신화와 역사, 의고적 어휘에서 현재를 드러내고 비판하거나 아름다운 문장으로 시문을 재구하는 시인이 드문 시대이다. 그런 측면에서 이인주는 나름의 개성을 확보하고 있는 시인이다. 문장의 화려함이나 아름다움에 치우쳐 진실을 제대로 담아내지 못하거나, 현란하고 모호한 문장으로 울림이 없는 시들이 많이 발표되는 가운데 이인주의 시가 빛나는 이유다.

시인의 말

매순간 생은
총력전이다.

그러나, 그럼에도
어진 마음의 눈을 가진다.
어진 마음은 그 자체로 따뜻하고
생성이 시작되는 온도이다.
사랑스런 생명이 왕자와 같이 활수한 숲을 이루는

곳에 당도하기까지

무량의 은총에 가까웠던 고유한 손들에게
감사하고 또, 감사하다.

칠곡 창평리 복숭아밭에서
이 인 주

초충도

2016년 11월 17일 1판 1쇄 찍음
2017년 3월 6일 1판 2쇄 펴냄

지은이   이인주
펴낸이   윤한룡
편집   이연희
디자인   윤려하
관리·영업 김선화
펴낸곳   (주)실천문학
등록   10-1221호(1995.10.26)
주소   서울특별시 성북구 보문로 82-3, 801호(보문동 4가, 통광빌딩)
전화   322-2161~5
팩스   322-2166
홈페이지 www.silcheon.com

ⓒ 이인주, 2016
ISBN 978-89-392-0760-8 03810

이 책 내용의 전부 또는 일부를 재사용하려면
반드시 지은이와 실천문학사 양측의 동의를 받아야 합니다.

이 도서의 국립중앙도서관 출판시도서목록(CIP)은 e-CIP홈페이지(http://www.nl.go.kr/ecip)와
국가자료공동목록시스템(http://www.nl.go.kr/kolisnet)에서 이용하실 수 있습니다.
(CIP제어번호:CIP2016026006)